www.tredition.de

Markus Häusler

Gezeiten

Lyrische Reise zum Selbst

AF197871

Für Carole. Das Mädchen von gegenüber.

Markus Häusler

Gezeiten

Lyrische Reise zum Selbst

© 2016 Markus Häusler
Umschlag, Illustration: Markus Häusler
Bildquellen: Carole Bastian / www.pixabay.com

Verlag: tredition GmbH, Hamburg

ISBN
Paperback   978-3-7345-1419-7
Hardcover   978-3-7345-1420-3
e-Book   978-3-7345-1421-0

Printed in Germany

Inhaltsverzeichnis

Natur und Schöpfung   7

Eine Liebeserklärung   8
Winterende   10
Am Wegesrand   11
Die Linderung   12
Fliederduft   12
Frühlingserwachen   13
Waldesruh´   14
Die Biene   15
Am Bächlein   15
Gemälde   16
Talfall   17
Herzrose   17
Neues Gewand   18
Ankunft   19

Von der Liebe   20

Verblüht   21
Bei Vollmond   22
Mein Frühlingswind   24
Verführt   25
Es ist wie Musik   26
Halt Dich   29
Pfeil und Bogen   31
Ich sehe Dich   33
Träume   36
Frühlingsliebe   39
Die Elster   40
Der Liebe Schmerz   41

(K)eine Liebe   42

Aus dem Schatten   **44**

Am Abgrund   45
Seele im Dunkel   47
Kalter Hauch   49
Der Druck   51
Der Schrei   53
Wankelzeit   54
Trübe Gedanken   55
Verbrannt   57
Segeltuch   58

Verschiedenes   **61**

Das Leben ein Geschenk   62
Der Winter   64
Lebenszeit   66
Sternenregen   68
Der Menschenfeind   69
Blutmond   71
Kleiner Gedanke   72
Der Fall   75
Menschenwechsler   75
Winterkrähe   76
Auf dem Felde   77
Haben oder Sein   78
Lied der Kriegerin   82
Oh Carole, Du Schöne   84

Natur und Schöpfung

Eine Liebeserklärung

Oh Mutter Erde welch wahrhaftig Pracht
Was hast du so alles hervorgebracht.
In Jahr Millionen geformt, vollendet
Die Natur uns Trost und Liebe spendet.

In vielerlei Hinsicht und Spielereien
Bei Tag und auch bei Nacht gedeihen
Deine Geschöpfe in reinster Kunst
Erbitten sie Deine oh göttliche Gunst.

Verstehen alsbald schwer, kaum zu greifen,
Wenn Nachtschattengewächse im Dunkeln reifen
Die Tropen vor Leben nur so blühen
Leben auch dort wo Wüsten glühen

Im Eismeer auch herrscht emsig Treiben
Deine Wälder wiegen im Wind, verneigen
Demütig ihre Kronen vor dir, Natur
Du Ursprung verfolgst deine Pläne stur.

Doch halte inne - die wahren Lichter
Erkenne ich überall mit offnen Augen
Ist die Liebe und Ihre vielen Gesichter
Schöpfung soll meinem Herz als Namen taugen.

Ich nenne sie Sonne die meine und Morgentau
Und Frühlingswind, wenn ich in ihr Antlitz schau
Erquick mich an Ihr, erlab´ mich, genau
An meiner Wonne, meinem Herzen, der einen Frau
Der ich begegnet in schwerem Gewitter
Als gebrochener Mann, als gefallener Ritter.

Wir waren zusammen in Demut vereint
Hab so oft in Ihre Hände geweint.
Das, oh wahrlich, ist das Wunder nur
Die Liebe als Krönung aller Natur.

Der jegliche Umschreibung so treffend gereicht
Wenn Verstand einem liebenden Herze weicht
Wenn die Morgenröte den Tag zelebriert
Wenn bei Mondschein des Nachts der See gefriert.

Wenn Mutter Erde sich weiterdreht
Dann bleibt Zeit steh´n, der Mensch vergeht
Die Liebe, oh Schöne, soll weiterleben
Als einziger Grund für menschliches Streben.

Winterende

In einem letzten Aufbegehren
Glasklare Nacht noch mal zu ehren
Fährt über uns der Kälte Schleier
Des Winters´ bitterkalte Leier.

Doch ist der Hochmut überflüssig
Natur das Eis´ gar überdrüssig
Sie bäumt sich auf, entgegnet, hetzt
„Weich´ rasch! Du hast dich überschätz!"

Am Wegesrand

Zart am Wegrand die Luzerne
In saftig blau sie da so stand.
Mir war als wollte ich so gerne
Sie brechen gleich, besann mich, fand

Dies wär´ arglistig Unterfangen
Ein böser Raub gar, ließ es sein
Sodass ein jeder kann erlangen
Ein Blick aufs blaue Blümelein.

Ganz ohne Reue ging ich weiter
Vergnügten Mutes meinen Weg
Blick kurz zurück, es stimmt mich heiter
Zu Leben ist ein Privileg.

Die Linderung

Ein Gang durch immergrüne Wiesen
Kann lindern Kummer in uns drin
Im warmen Frühlingslicht genießen
Ein Blick nach draußen gibt uns Sinn.

Fliederduft

Dein lila Leuchten, Fliederstrauch
Lockt Immen an, dich zu bestäuben
Doch nicht nur diese, ja ich auch
Lass mich durch deinen Duft betäuben.

Zum Träumen lädt er mich dann ein
Verweile gern an deiner Seite
Mach´s wie die Imme, saug dich ein
Nur bleib ich hier, sie sucht das Weite.

Frühlingserwachen

Frühling erwacht, das Leben sprießt
Des Winters Reif Vergangenheit
Im lauen Sonnenschein ergießt
Sich plätschernd ´s Bächlein, ist befreit
Vom Eis der kalten Jahreszeit

Durch grüne Wiesenauen gern
Das Lied der Drossel klingt von fern
Es scheint als wär´ Natur bereit

Sich ganz aufs Neue zu erfinden
Und voller Inbrunst zu erblüh´n
Ureig´ne Kräfte zu ergründen
Ein Rausch aus Blüten bald wird sprüh´n

Des Schöpfers Allmacht hier auf diese
Vom Bach umschloss´ne Blumenwiese.

Waldesruh´

Welch Gottesfurcht ich doch empfinde
Wandle ich sehend durch den Wald.
Das dichte Laub der grünen Linde
Lädt ein zur Rast, so mach ich Halt

Um seelenruhig dann zu verstehen
Geschlossnen Aug´s bald einzusehen
Ist Gottes Wille, er lässt´s geschehen
Die Linde bleibt, ich werd´ vergehen.

Drum feier ich die reichen Gaben
Bin frohen Mut´s im grünen Hain
Erquick mich an der Schöpfung Farben
Behalt´s in mir, ein Stück ist mein.

Die Biene

Der Biene wohlwollend Gesumm´
Mich aus dem Wiesentraume riss!
Ich wedelte nach ihr, sie biss,
Sah mich kurz an und fiel tot um.

Am Bächlein

Am Waldesbächlein klar und rein
Spazierte ich mit meinem Herz
Durchs dichte Laub fiel Sonnenschein
Ihr Antlitz trübe, Abschiedsschmerz.

Gemälde

Düfte ergießen sich farbenfroh
Branden von Wiese zu Wiese
Meer aus Blüten schäumt gar so
Klingt heller als Harfen, ja diese

Ungezügelte Frühlingsnatur
Ist Leidenschaft und Liebe pur
Bezirzt uns, weckt uns aus Lethargie
Zündet Feuer in uns, verprasst Magie

Malt große Bilder in Öl und Pastell
Erhaben und schüchtern, Lebensquell´
Erinnert an Jugend, braust auf, so wild
Bewusst wird unser Verlangen gestillt

Geleit´ uns gen Süden, voran!
Magie des Erwachens brich an!

Talfall

Wer einst erlebt die wahre Pracht,
Ein Wasserfall stürzt steil zu Tal.
Tosend Gelöbnis, Ritual,
Mutter Natur und deren Macht.

Herzrose

Du liebste Herzensblume mein
Würd´ dich gern hegen und dann pflücken
Dann würd´ kein andrer deiner sein
Und ich könnt Liebe durch dich schmücken.

Neues Gewand

Wenn die Welt im Monat März
Langsam wechselt ihr Gewand
Öffnen Schleusen sich, mein Herz
Wiederkehrt dann allerhand:

Farben, Formen fast vergessen
Süß´ Aromen war´n so fern
Liegt schlussendlich im Ermessen
Unser´s Schöpfers, unser´s Herrn.

Wälder, Bäche, Wiesen, Flüsse
Stimmen ein im Jubelchor
Und bescheren uns Genüsse
Hebt Gefühl in uns empor.

Ankunft

Das Schlagen des Storches kündigt es an
Dort droben im Nest auf dem Dache
Glocken ertönen, der Frühling kommt dann
Zeit der wärmenden Winde erwache.

Zerschneide die Nebel über dem Land
Am Himmel die Lichter entzündet
Erhell´ die Auen in farbigem Band
Deine Ankunft wurd´ uns verkündet.

Gehab´ dich wohl, verwöhne uns köstlich
Versprüh´ deinen Glanz gar weit und breit
Erweis´ dich als gütig, gnädig, göttlich
Verbanne die dunkle Jahreszeit.

Von der Liebe

Verblüht

Die Zeit der Blüte ist für wahr
Nicht immer Liebeszeit, oh nein!
So manch' Verbindung geht auch da
Zugrunde, hat nicht sollen sein.

Kein' Kraft auf Erden groß genug
Wenn zwei sich voneinander trennen
Vertrauen weg, nur Lug und Trug
Wenn Herzen aufgehört zu brennen.

Vielleicht ist's besser für die beiden
Im Frühjahrsputz „Adieu" zu sagen
Und so ein Ende ohn` viel leiden
Platz macht, um Liebe neu zu wagen.

Denn s' ist gewiss, im nächsten Jahr
Kommt sie zurück die Blütezeit
Herz ist bereit, wie's schon mal war
Und neue Liebe dann gedeiht.

Bei Vollmond

Lodernde Flammen züngeln des Nachts im Schein
Des Mondes, dessen Kinder in der Ferne heulen
Gedrückt, gebückt unter wankenden Säulen
Trübe Stimmung, kalter Hauch, missverstanden sein.

Die Einsamkeit kriecht im Dunkeln herbei
Quälend und pochend auf tausend Weisen.
Wo ich gestern noch war, ist heute vorbei
Stimme verstummt, entschwunden auf leisen

Unbemerkten, fremden Pfaden, verächtlich!
Unbedarft traf´s mich, so niederträchtig
Und wollt doch nicht spüren, was jetzt ist so klar
Oh Schöne du fehlst mir, bist nicht mehr da!

Sehnsucht, Gefühl ich so lang nicht mehr spürte
Bis es mich auf Irrwegen zu Dir führte
Oh dank Dir dafür, dass Du mich berührt
So vollendest und heimlich hast mich verführt.

Durch Worte, Blicke, Kleinigkeiten

Erst leise, dann laut, Du kannst mir bereiten

Freude, Wonne, unverhofft mich verleiten

Zu tausenden, mir gänzlich fremden Dingen.

Inspirierst mich wie keine, schärfst wie von Sinnen

Die meinen, weckst meine Talente, du bist eine Muse

Nein! Meine Muse, ich halt an Dir fest!

Und hoffe darauf, dass Du mich ewig lässt.

Mein Frühlingswind

Liebreiz und Grazie trägst du im Namen
Verletzlichkeit, Anmut zeichnen dich aus
Fremd ist dir Hochmut, du fällst aus dem Rahmen
Nur zögerlich leise kommst du aus dir raus.

Doch trittst du hervor, warm wie Frühlingswind
Überraschend wie damals der erste Tau
Dann seh´ ich dich wahrlich, sprachlos, begeistert
Soviel Zartheit, dein Augenlicht klar, kühles Blau.

Es ziehet mich zu dir, angenehm, vertraut
Erinnerst mich an eine Sommernacht
Wahrhafte Schönheit, nicht leis´, gar laut
Wir haben geredet, getanzt und gelacht.

Uns im Kreis gedreht, gestockt, weiter und weiter
Die Tage durch dich geheimnisvoll heiter
Beschwingt durch dein direktes ehrliches Wesen
Was wäre ich hier ohne dich gewesen?

Solch Perlen wie du eine bist, sind rar

Bald wurde mir klar

Dass du was ganz Besonderes bist

Und schlagartig sah ich´s, hab´s bis heute genossen

Dein leibhaftiger Schmuck deine Sommersprossen.

Und fliegst nun von dannen, behände, geschwind

Ich erinner´ mich ewig, an meinen Frühlingswind.

Verführt

In so manch' lauer Sommernacht

Ein einsam Herz wurd´ schon bedacht

Und ließ im Sturme sich verleiten

Durch unerwartet' Zärtlichkeiten.

Und zwischen innigen Gefühlen

Der Zauber wirkt, vergisst die kühlen

Ja kalten Nächte ohne Wonne

Träum mit mir bis zur Morgensonne.

Es ist wie Musik

Dir Verse zu schreiben, gefühlvoll und ehrlich
War anfangs zwar einfach, doch schien gefährlich.
Was würdest du denken? Wie fasst du es auf?
Soll ich´s dir wirklich zeigen? Nehm ich´s in Kauf

Dieses neue Gefühl auf die Art zu proben
Mich hinzugeben, zu öffnen, würdest du toben?
Dich zurückziehen, schlimmer, gar abwenden
Ganz unverhofft aufhör´n mir Signale zu senden?
Nach denen ich lechze, niemals möcht missen
Traurige Gedanken, schlechtes Gewissen.

Ich fasste ein Herz mir und schrieb alles nieder
Durch dich inspiriert, wieder und wieder.
Du, meine Muse, führtest die Feder
Sollst ruhig alles wissen, von mir aus ein jeder

Gedanke, der einst aus dir ward entsprungen
In vielen Versen hab´ ich dich besungen.

So kam es dazu, ich scheute mich nicht
Offenbarte dir schüchtern mein erstes Gedicht.
Es trägt deinen Namen, „Oh Carole, Du Schöne"
Schon dein Name für mich klingt wie reinste Töne.

Deine Augen, dein Lächeln sind deine Poesie
Deine Anmut, deine Demut sind für mich Melodie.
Wahrlich, der Reime melodischer Klang
Der Wahrheit meines einsamen Herzens entsprang

So nutz ich auf diese musische Weise
Es aufzuschreiben, mal laut und mal leise.
Die innigen Reigen, die ich spüre durch dich
Deine Akkorde, deine Tempi bewegen mich.

Adagio Carole, spielt deine Symphonie
Andante dein Sonett, in meiner Phantasie

Vivace erleb ich dich in schönsten Momenten

Doch auch *Grave* zählt zu deinen latenten

Tempi, mit denen du durchs Leben tanzt

Von *pianissimo* bis *forte*, ich hör dich, du kannst

In mir Opern und Zyklen komponieren

Zu Operetten und Dramen mich sanft verführen.

Ich genieße dich in so vielen Weisen,

Oh spiel immer weiter Balladen, die leisen

Dann kann ich die Harmonie förmlich spüren

Und glauben, dass sich unsere Herzen berühren.

So kam es, die Ode hat dir sehr gefallen

Bin seitdem dem Dichten und Reimen verfallen.

Ein Stein mir vom Herz fällt, jubilierend, ich fröne

Warst davon verzückt, Oh Carole, meine Schöne.

Um dich zu ehren, zu spüren, zu hören

Ich möchte unendlich auf dich schwören

Dein zartes Wesen, für mich pure Romantik

Dein für mich liebstes Urteil: **Es ist wie Musik.**

Halt Dich

Beileibe betrübt´s mich mit anzusehen
Kann ich doch dein leidendes Herz versteh´n.
Du warst niemals weg, bist immer noch hier
Ich spüre dich, fühl dich ganz nah bei mir.

In jeder Minute ich an dich denke
Scheinbar unbewusst Gedanken zu dir lenke
Seh´ ich dich, du Schöne, möcht dich begleiten
Den Rückhalt dir sein, auch in Unsicherheiten.

Zerstreuung dir bieten von deinen Dämonen
Den dunklen Gesellen, die in dir wohnen.
Vertraute Fackeln in dir entflammen,
Doch räumlich getrennt, sind nicht zusammen.

Ich frage mich redlich, ist es von Belang
Dass Ferne uns trennt und frage mich dann
Ob´s nicht etwas Größeres gibt, was uns hält
Entspringt es nicht dieser, dann ´ner anderen Welt?

Deine schwankende Seele an stürmischen Tagen
So zart und verletzlich, ich möchte dir sagen
Wirf´ ab deinen Ballast, ohn´ Reue und Gram
Sei sicher dir, Schöne, es ist nicht infam

Ganz zu beenden, was Kummer nur bringt
Dich fesselt und peinigt, dich immer mehr zwingt
Dich von dir zu entfernen, dich runterzieht
Es wird dir so guttun, was denkst du geschieht

Mit dir, wenn du Ketten aus Eisen sprengst
Die dich nur lähmen, an denen du hängst?
Des Unrates müde und überdrüssig
Schlecht und Schwarz einfach überflüssig.

Errette ein Stück weit von dir, deines Willens
Und fürchte dich nicht, ist nicht vergebens
Denn auf eins kannst du zählen, wird immer so sein
Ich bleibe bei dir, bist niemals allein.

Pfeil und Bogen

So viele Dinge auf der Welt sind wichtig,
Doch ohne Gegenstück gar nichtig.
Was wär´ der Winter ohne Schnee?
Im Frühling Wiesen ohne Klee?
Wem nützt ein Schlüssel ohne Schloss
Und was wär´ der Reiter ohn´ sein Ross?

Kein Clown wär´ fröhlich auf dieser Welt
Nähm´ man ihm sein Zirkuszelt.
Wer braucht Gleise ohne Züge?
Was wär´ die Wahrheit ohne Lüge?

So viele Dinge auf der Welt sind wichtig,
Doch ohne Gegenstück gar nichtig.
Kein´ Ballerina ohne Ballett
Nur wenn zwei singen, ist´s ein Duett.

Ich möchte es rufen in dunkler Nacht
Was sonst ich hab´ noch nie gemacht
Ist ehrlich wahr und nicht gelogen
Wir zwei, wir sind wie Pfeil und Bogen.

Wehrhaft und stark, wenn wir vereint
Freude und Kummer, gelacht und geweint.
Der Pfeil bedingt des Zweckes wegen
Den Bogen wie der Held den Degen
Der Bogen sucht den starken Pfeil
Nur dann sind sie perfekt und weil

Dies nun so ist auf dieser Welt
Nicht Abhilf´ schafft ein Sack voll Geld
Sag ich ohn´ Zweifel, ohne Reue
Dass ich mich göttlich auf dich freue.
Mein größter Wunsch, seit ich dich traf
Sei meine Gräfin, ich bin dein Graf.

Ich sehe Dich

Dich zu begreifen, zu erfassen
Dein ganzes Wesen zuzulassen
Was dich ausmacht zu beschreiben
Mir damit die Zeit vertreiben

Mehr noch, Verse dir zu schenken
Auf dich Lieder zu erdenken
Fällt mir leicht, es ist nicht schwer
Reime schwingen hin und her.

Du bist für mich wie Morgenröte
Deine Zartheit gleicht dem Tau
Deine Stimme spielt die Flöte
Deine Augen ozeanblau.

Hilfsbereitschaft, Empathie
Dazu dein´ bissig´ Ironie
So großen Herzens du doch bist
Dein Verstand so wach der ist.

Deine Launen zu ertragen
Dich auf Händen will ich tragen
Dunkle Zeiten zu durchstehen
Und in hellen dein Strahlen sehen.

Mit dir schwelgen durch die Nacht
Der sein, der dich dann bewacht.
Mit dir fühlen, spüren, denken
Zusammen die Gedanken lenken.

Zärtlichkeiten auszutauschen
Deiner Stimme still zu lauschen
Dich berühr´n, zum Träumen bringen
Dir des Abends Lieder singen.

Mit dir streiten, dich begleiten
Meterhohe Wellen reiten
Tiefe Täler zu bezwingen
Dich in neue Höhen bringen.

Unbekannte Lande sichten

Deine Nebel für dich lichten

Türme haushoch für dich bauen

Immer weiter dir vertrauen.

Sturm und Wolken von dir halten

Dein´ Talente sollst entfalten

Dich an Sonne dich erfreuen

Keine Tage mehr bereuen.

Träume

Ertappen uns in fremden Sphären
Wo wir so gerne einmal wären.
Weit fort der grauen Realität
Und fragen uns, ob das denn geht.

Mit Flügeln dann, wir fliegen hoch
Begegnen sollen uns dann doch
Fabelwesen in wahrster Pracht
Entschwinden so manch tiefer Nacht.

Und auch von ganz konkreten Dingen
Traumwandlerisch sie uns gelingen.
Wir fühlen uns gar spielend hin
Und hinterfragen nicht den Sinn.

Ob dies denn ginge, sinnhaft scheint
Im wahren Leben oft verneint
Berührt uns diese Frage kaum
Genießen jubelnd unsern Traum.

Sah des Nachts die schönsten Farben
In Bildern vor mir, möchte haben
Nie aufzuwachen, weiterträumen
Mit Freudentränen überschäumen.

Ich sah die Schöne stehen am Strande
Barfuß, Locken, in weißem Gewande.
Ein Sträußchen hielt Sie fest in Ihrer Hand
Ich schaute mich um, mein Blick, der fand

Wahrlich ein Meer aus tausend Rosen
Weiß und rein, im Hintergrund tosen
Die Wellen leise, gar demutsvoll
Fast wie Musik, hegen kein Groll.

Weiße Tauben entsteigen der Szenerie
Jetzt seh´ ich auch mich, ich küsse sie
Die eine am Strand, im weißen Gewand
Steck ihr das Ringlein an die rechte Hand.

Umarmen uns innig, nah wie noch nie
Schauen uns an, genießen das Wie
Möchten verharren auf ewige Zeiten
Ein Leben lang den andern begleiten.

Der Traum endet hier, jäh unterbrochen
Und Doch, ich habe mir selbst versprochen
Ich möchte ihn gern wieder und wieder sehen
Dort bei den Rosen, barfuß am Strande stehen.

So wurde mir deutlich nach dieser Nacht
Wie nah du mir warst bevor ich aufgewacht.
Ehrfurchtsvoll seh´ ich, versteh ich dann eins
Unsre Träume sind das Elixier des Seins.

Frühlingsliebe

Der Frühling und die Liebe
Geh'n heute Hand in Hand
Die beiden tragen Triebe
In sich, ist wohl bekannt.

Erst kleine Knospen, zart und fein
Gedeih'n sie schnell im Sonnenschein
Zu größ´rer Blüte, voller Farben
Wer möchte das nicht gerne haben.

Der Frühling und die Liebe
Geh'n heute Hand in Hand
Die beiden tragen Triebe
In sich, ist wohl bekannt.

Frohen Gemüts geh´n wir sie ein
Die Bande voller Glücklichsein
Herzen berühren, Wärme spüren
Oh Frühling, kannst uns gern verführen

Die Elster

Geh ein Stück mit mir

zu dem Baum am blau plätschernden Bach

in der Frühlingssonne

trällert die Elster ihr Lied

auf dem Baum am blau plätschernden Bach

bin ich schillernder Liebe begegnet

und konnte sie doch nicht halten

gestohlen im Schatten

bei dem Baum am blau plätschernden Bach

bleibt der Schatten zurück.

Der Liebe Schmerz

Wir quälen uns gern mit unerwiderter Liebe
Anstatt uns abzuwenden, entfliehen der Hiebe
Nötigt uns dies unser flehend´ Herz´ ab
Als Ersatz für Gefühle, die es nicht gab?

Lohnt sich´s zu kämpfen, zu hoffen auf Zutrauen
Kann es nicht grausam sein, auf die Liebe zu bauen
Wenn einseitig diese nur ist und auch bleibt
Geduld keine lindernde Wirkung zeigt?

Hoffnung in unserer Seele lichterloh brennt
Obwohl man sich sehenden Auges verrennt
Gewahrt es uns nicht vor der Liebe Bande
Will dahin zurück, bevor ich das kannte.

Wär´ somit den Schmerzen und Kummer entgangen
Doch hätt´ auch verpasst dieses süße Verlangen.
Dies´ bitter-süß´ Einsicht bringt mich zum Schluss
Diesen Schmerz zu spüren, man lieben muss.

(K)eine Liebe

Zufällig getroffen in urbaner Anonymität
Angesprochen, angestoßen, sympathisch, nett
Danach zusammen die Nacht durchtanzt
Gefeiert, Getrunken, Gelacht, du kannst
Ruhig näherkommen, ich fass dich gern an
Wir sind doch jung, du Frau, ich Mann.
Der erste Kuss, verlangend, triebhaft
Hand unter die Bluse, fast geschafft!
Geflirtet, angetörnt, stellt sich die Frage
Über welche Schwelle ich dich gleich trage
Zu mir, zu dir, wie wär´s dir lieber?
Relativ egal - im Stangenfieber.

So verlässt man die feiernde Szenerie
Drängt eilig und einig in Pseudo-Manie
In Richtung sporadisches Liebesnest
Wo man die Hüllen fallen lässt.
Übereinander herfällt, nackt und heiß
Dem wilden Liebesspiel sein Preis.

Tobt sich aus, zeigt was man kann

Ausgerichtet auf den Abschluss, dann.

Schon bald man höflich Floskeln pflegt

Und alsbald seine Wege geht.

War das jetzt Liebe? Nein, so nicht!

Tränen rollen übers Gesicht.

Aus dem Schatten

Am Abgrund

So abgrundtief hässlich fühle ich mich
Möchte verschwinden, entfliehen, begraben
Erst schien da ein Wunder, schön doch verletzlich
Die Zweifel in mir, all diese Fragen.

Hab es wieder getan und wieder und wieder
Und bin doch viel schlechter als ich mir gewünscht.
Kein Wille kann brechen den Zwang, so bieder
Ergebe mich ihm, und gehörte gelyncht.

So viel Zuversicht in mir am Ende der Reise
Kein Zweifel daran, dass ich es doch bringe
Dämonische Stimmen fast verstummt, so leise
Oder doch nur verdrängt als ich von dort ginge?

Wer und was bin ich? Existier ich denn wahrlich?
Was peinigt mich in mir, so stur und beharrlich
Dass ich es nur spüre und doch nicht versteh
Kein Mittel mehr finde, kein Ufer mehr seh.

Bin ich nur ein Schatten und sei es von mir?
Bin ich nur auf Probe und warum bin ich hier?
Ist all das Prüfung? Wer will mich nur testen?
Wer feiert mein Untergang auf sadistischen Festen?

Wo ist die Verbindung von Verstand und der Seele?
Wo finde ich sie, wenn ich mich nur quäle?
Hab Wolken voll Tränen vorbeiziehen sehen
Durch Stürme der Trauer musste ich gehen

Hab dunkle Wälder des Zweifels durchschritten
Bin auf wilden Gestalten durch Dürre geritten
Hab mir eingebildet, jetzt wird alles gut
Muss mir eingestehen, dazu fehlt mir der Mut.

Ein Neuanfang wagen, war mein hehres Ziel
Die Chance verpasst, vielleicht doch zu viel.
Getriebene können wohl selten obsiegen
Und bleiben stattdessen am Boden liegen.

Seele im Dunkel

Das Leben begreifen, als Ganzes erfassen?
Was so einfach klingt, bisweilen beschwingt
Nicht immer gelingt's uns, in dunkle Gassen
Zieht's uns hinein, kalter Atem, es zwingt
Uns ganz unvermittelt, erbarmungslos, brutal
in Flammen lichterloh, gleichen einem Fanal.

Abgrund, tief wie ein Ozean liegt dann
Vor uns, so nah, dass man ihn spüren kann.
Wie von Sinnen und außer Rand und Band
Möchten wir fliehen, versuchen allerhand
Um das Ufer zu finden, was Rettung verspricht
Gelobte Lande zu sichten, darauf sind wir erpicht

Doch sehen so selten die Leuchttürme stehen
Müssten oft nur begreifen, um uns umzudrehen.
Uns abwenden von dem, was Kummer bringt
Vom Lied, das von Schmerz und Qual uns singt
Von Leid, das aus und in uns entsteht
So sehr, dass die Freud' am Sein vergeht.

Abschottung, Einsamkeit, Gleichgültigkeit

Angst? Nein! Keine Gefühle weit und breit

Können wir orten, bewusst wahrnehmen

Getrieben in immer düstere Arenen

In Sphären der tiefen Hoffnungslosigkeit

Verzweiflung! Dagegen wären wir gern gefeit.

Doch gibt es sie denn? Den Ausweg, das Licht?

Bringt Mut und Wille uns wieder in Sicht

Auf hellere Tage und schwinden die Wolken

Das Dunkel, der Nebel, benommen, gescholten

Als hätten wir dies in der eigenen Hand!

Lebensmut schwindet, drückt, uns verbannt.

So treibt´s uns noch tiefer in dunkle Gedanken

Wir dreh´n uns im Kreis, ohn´ schützende Flanken

Ergeben uns leidlich, betrübt, hoffnungslos

Wünschen uns das Ende, dann wär´n wir sie los

Die furchtbare, alleserdrückende Pein

Nein! So wollen wir nicht mehr am Leben sein.

Kalter Hauch

Einsam Kreise ziehend, so kalt, so kalt
Verschlossen, zu weit weg von den Massen
Eishauch zwingt lichterlohe Flammen bald
Vergehen zu Asche, grau, verlassen

Erkaltet im Innern, ausgebrannte Glut
Wahnhafte Gefühle im Spiegel, nackt
Zähfließender Strom übergießt den Mut
Getrieben, Seele bestialisch gepackt

Gepackt? Verpackt! Umhüllt, so gepeinigt
Auf Erniedrigung hoffend, selbst gesteinigt
Sich selbst so fremd, beschämende Leere
Pechschwarze Tage, Oh Leid vermehre

Dich weiter und weiter, so kalt, so kalt
Dich spür ich! Begehr dich, glitschiger Halt
Ein hehrer Wunsch, die Waffen zu strecken
Ein warmes Herz soll Wunden mir lecken

Stumm ruf ich mondwärts, erbitte Gnade

Siegestrunken kreuzen die hellen Pfade

Dem einen, der Wärme im Herzen spürt

Wünsch mich still zu ihm, ist mein Herz berührt?

Bleib ich im Eishauch, der Glut ärgster Feind?

Und peinig ich Äußeres, wenn Inneres weint?

Was gibt mir Wärme, wenn Schmerzen verhallt?

Bin vom Leben gefangen, so kalt, so kalt.

Der Druck

Das ist des Teufels Werk, sein Wille!
Schrei ich´s laut raus, wider der Stille
Die mich benebelt, mich umgibt
Die fordernd mich nach unten zieht.

Gefühle, Verstand wohl eins sein sollten
Zwei Stimmen in mir zieh´n und wollten
Mich wieder auseinanderreißen
Ich muss mich wieder mal beweisen.

Stärke zeigen, dem Druck standhalten
Wiederstehen dem Suchtverhalten
Immer wieder Wege finden
Abstinent sein und mich winden.

Die Anstrengung dabei zermürbt mich
„Warum nur ich?" Die Frage stell ich
„Ist Leben so noch lebenswert"?
Pocht´s im Gehirn, sehr dezidiert.

Wie lang ich damit umgehen muss
Wann hört es auf, wann ist denn Schluss?
Muss ich denn nun ein Leben lang
Beweisen, dass ich das auch kann?

Der Schrei

Gefühle laut wie Donnerhall

Schlagen gar wütend auf mich ein

Droht mir gar gänzlich der Zerfall?

Kann nur schweigen, möchte gar schrei´n!

Kein Hoffnungsschimmer

Es wird schlimmer

Nur noch Gewimmer

Ist das für immer?

Bin ohne Mut, mir fehlt die Kraft

Leben wieder hinzukriegen.

Hab resigniert, es bald geschafft

Dunkelheit soll mich besiegen.

Wankelzeit

Wankelzeit gehört zu uns

Ich sah sie

Ich sah sie

Wankelzeit stülpt uns um

Innen nach außen

Schmerzhaft

Heilend

Wankelzeit ist Scheideweg

Rechts

Links

Stillstand füttert sie

Bis zum Erbrechen

Ich verharrte dort

Dann kam es mir hoch.

Trübe Gedanken

Der trüben Gedanken überdrüssig
Verweilt man leer so manche Stund´
Erkennt bald, man sei überflüssig
Ein traurig Seelenvagabund.

Wann bricht der Himmel auf, ja wann?
Und hält, was er einst mir verspricht?
Wann endet diese Schmach und dann
Wird Schwere leicht, vergeht Zwielicht?

Obsiegt der Leichtmut triumphierend
Entschwinden düst´re Nebelschwaden?
Frohlockend Engel jubilieren
In mir, dann bersten Barrikaden!

Wär´ gern naiv, geneigt zu glauben
Dass dieser eine Wunsch genügt
Wer wird´s mir zeigen, mir erlauben
Beenden, was mich so belügt?

So schwank ich weiter, scheinbar kraftlos
Durchs tiefe Tal zeriss´ner Seelen
Der Funken Hoffnung, der einst groß
Beklemmend klein, mag ihm befehlen,

Er möge standhaft mich begleiten
In Finsternis ein Licht mir sein
Trotz und entgegen schwerer Zeiten
Ein Quell, der labt mich, klar und rein.

Verbrannt

Hell wie Feuerdrachen-Feuer
Brennt das Leben auf der Haut
Sind die Geister nicht geheuer
In meinem Kopf die Schreie laut

So bleib ich in mir voller Scham
Begrab mein Herz im Tränensee
Der Hoffnungsschimmer der einst kam
Ist längst verglüht, vorbei, passé.

Segeltuch

Ich steh allein, umringt von vieren
Metallenen Pfeilern, nackt und kalt
Ich droh mich bald drin zu verlieren
Kein´ Sicht nach außen, nicht ein Spalt

Ringsum umhüllt, ein Segeltuch
Versperrt den Blick, welch fieser Fluch
Kann nur erahnen wer da steht
Hier drin sich langsam alles dreht

Panische Unruhe steigt auf in mir
Was ist da draußen, wer ist hier?
Versperrte Sicht, doch hören kann ich
Die fremden Stimmen, werd´ fast manisch

Ein Alptraum, wie es mich beengt
So gern die Ketten hätt´ gesprengt
Doch kann nur mühsam Zeichen geben
Mir ist als schwindet jedes Leben

Ich spür kein Zugang zu der Welt
Da draußen, denn das Segel hält
Obgleich ich kann die Hände derer
Berühren, spür nix, Herz wird schwerer.

Kann nicht erkennen, wer mich greift
Am Ende jener mich noch schleift
Noch tiefer fester niederdrückt,
Ist schon genug, ich geh gebückt.

Es dringt nur Kälte rein zu mir
Die Wärme die ich brauch, verlier
Ich immer mehr, erlang sie nicht
Bin so verzweifelt, seh´ kein Licht.
Hab Angst davor, was mir noch droht,
Mauert mich ein, dann bin ich tot.
„Zerschneid das Tuch und reiß es nieder"
Ich hör die Stimme in mir wieder.

Doch fehlt die Kraft mir, spür nur Schwere

Kann´s nicht zerstören, keine Schere,

Noch schlimmer, kommt bald was mir graut?

Weicht dann das Tuch, wird dann gebaut?

Aus Steinen eine feste Mauer

Um mich herum, seht wie ich kauer´

Am Boden liegend, in mir drin

Schließ Augen fest, hat keinen Sinn.

Verschiedenes

Das Leben ein Geschenk

Der Wunsch nach Leben, es zu schenken
Ist nobel und schön, doch hab zu bedenken
Dass die Natur und Gott es richten
Zu gegeb´ner Zeit die Nebel lichten.

Verzage nicht, vertrau darauf
Und glaub an dich, gib dich nicht auf.
Glaub an die Liebe und bewahr´
Dein Mutterlieb´ ist wunderbar.

Genieße das, was bereits ist
Im Alltag auch einmal vergisst
Ein Kind dir wurd´ bereits beschert
Gesund, so lieb und unbeschwert.

Erfreu dich dran, was du jetzt hast
Beschwer dich nicht mit dieser Last
Üb dich in Demut und Geduld
Such nicht bei dir nach einer Schuld.

Denn nur wenn du dich nicht belastest

Nicht grämst und ärgerst, weiterhastest

Das Wunder alsbald wird gescheh´n

So wie du´s schon mal hast geseh´n.

Wenn es nicht will, so bald passieren

Nur Gott kennt einen Grund dafür

Und doch kann ich dir garantieren

Von ganzem Herzen wünsch ich´s dir.

Der Winter

Schneetreiben, Kälte, der Winter setzt ein
Kinder erfreut´s, wollen draußen sein
Zu toben in schneeweißer Winterpracht
Schneemänner bauen, Schlitten gebracht
Hinab gerodelt in Frau Holles Federbett
Ach wie ist uns der Winter so lieb und nett!

Schneetreiben Kälte, der Winter setzt ein
Stöhnen die Eltern, muss das jetzt sein?
Im Auto zur Arbeit, im Stau gefangen
Wär´n wir doch besser zur Bahn gegangen.
Und wer befreit Haus, Hof, Opas alten Kadett?
Ach wie ist uns der Winter so lieb und nett!

Schneetreiben, Kälte, der Winter setzt ein
In bitterer Kälte, mittellos und allein
Kein´ Heizung, ohn´ Obdach in dieser harten Zeit
Kein wärmendes Nachtlager weit und breit.
Auf der Parkbank, frierend, nur mit Jackett
Ach wie ist uns der Winter so lieb und nett!

Schneetreiben, Kälte, der Winter setzt ein

Krieg und Zerstörung heimatlos, klein

Waisenkinder im Krieg, entrissen und leer

Desillusioniert, hoffnungslos, keine Tränen mehr.

Im Flüchtlingslager gestrandet, statt Tisch nur Brett

Ach wie ist uns der Winter so lieb und nett!

Lebenszeit

Wir haben hier auf Mutter Erden
Zu leben, dass wir glücklich werden
Für eine Zeit, die uns bestimmt
Bevor man wieder fort uns nimmt.

Wir streben allzu sehr nach mehr
Vergessen dabei oft zu sehr
Die wahren Freuden, was es heißt
Geliebt zu werden, doch du weißt

In deinem Innern ganz bestimmt
Dass der, der dich genauso nimmt
Wie du halt bist, dich nicht verpönt
Die Zeit auf Erden dir verschönt.

Drum halte fest in dieser Zeit
An jenen Menschen, die bereit
Sind, dich zu lieben, zu vertrauen.
Bedingungslos auf dich zu bauen.

Dann wirst du später glücklich seh´n,

Dass du dein Leben hast genossen,

Mit Liebe deinen Weg konntest geh´n,

Auch wenn so manche Tränen flossen.

Sternenregen

Lautlos für uns aus himmlischen Sphären
Beschreiben sie nachts ihre goldene Bahn
Lassen uns träumen, wünschen, verklären
Nur gute Wünsche sollen uns wiederfahr´n.

Möchten entrücken, wenn auch nur ein Stückchen
Der kalten, oft nüchternen Realität
Suchen nach Wegen, vor dieser zu flüchten
Doch sind uns bewusst, dass sowas schwer geht.

Im Trubel des Alltags, getrieben, gehetzt
So manch zart besaitete Seele verletzt
Sich so leicht, reibt sich, opfert sich auf
Dürstet nach Hoffnung, blickt ohnmächtig rauf.

Zu erhaschen den Sternenstaub, göttliches Licht
Wünsch sich Stille und Nähe und ein liebes Gesicht
Haltet inne und betet, so lass es geschehen
Sternregen leuchte, will Sternschnuppen sehen.

Der Menschenfeind

Strahlend kommst du des Weges gar
Man nimmt dich stark, patent auch, wahr.
Einzubringen fällt dir nicht schwer
Mit dir, da fühlt kein Raum sich leer.

Du gaukelst gute Laune vor
Schwingst dich ja auch so gern empor
Der Mittelpunkt ist dein Revier
Hier suhlst du dich, bist gerne hier.

Am Anfang kauft man´s dir gern ab
Scheinst durchaus eloquent zu sein.
Zeigst Interesse an den andern
Setzt scheinbar dich für sie auch ein.

Es dauert in der Tat ´ne Weile
Bis man dann sieht, wie du so bist
Erst nach und nach fällt deine Maske
Dein ganzes Leben scheint ´ne List!

Um Menschen geht's dir nie und nimmer
Nur du scheinst der, der wichtig ist!
Und dein Verhalten immer schlimmer
Sieh hin wie du dich als vergisst:

Fährst andre an, die dir nichts wollen
Beleidigst schamlos zarte Seelen
Dein Aufbrausen ein lautes Grollen
Es macht dir Spaß grundlos zu quälen.

Blutmond

Erhaben erhebt sich stolz das Massiv
Des Adlers Schwingen zerschneiden die Nacht
Dort unten wo vormals der Fluss verlief
Heulende Wölfe auf Treue bedacht.

Milchzeit entschwindet in eisiger Stille
Gleich einem Fanal katathym erwacht
Der Hybris folgend, göttlicher Wille
Glutzeit bricht an diese uralte Macht

Blutrot das Firmament wappnet sich
Lautloser Schrei malt im Wind unbedacht
Herrscher des Himmels verneige dich
Ist Blutmondzeit heute in tiefblauer Nacht.

Kleiner Gedanke

Manchmal ertapp ich mich dabei
Wie ein Gedanke Flügel kriegt
Und aus dem Himmel zu mir fliegt
Zeit steht dann still, ich fühl mich frei.

Nah, der Gedanke schwebt, ganz nah
Schmiegt sich an mich, berührt mein Herz
Vertraut ist er, war schon mal da
Bin Trän´ benetzt, doch nicht aus Schmerz.

Ich schließ die Augen, möcht ihn halten,
Ganz sachte, denn er ist noch klein
Fast zu klein, möchte sich entfalten
Ganz unschuldig, des Herzens rein.

Zwei kleine Hände recken sich

Mir gern entgegen, suchen Lieb´

Augen leuchten, einfach köstlich

Ach süßer kleiner Herzensdieb.

Doch nun, kaum fang ich an zu träumen

Würd´ Stunden wegen dir versäumen

An deinem Lächeln mich erfreuen

An deiner Wonne mich zerstreuen.

Der schön´ Gedanke, eben nah

Entfernt sich wieder, viel zu schnell

Kann ihn nicht halten, leider wahr

Ist´s Utopie und nicht reell?

So schau ich auf, besinn mich wieder

Hör leise noch die Kinderlieder

Bis dann der Traum gar gänzlich weicht

Es fällt mir schwer, so gar nicht leicht.

Ich blick zurück, ich schau nach oben
Von wo du kamst einst angeschwebt
Will Himmel danken, ja gar loben
Für das, was ich im Traum erlebt.

Kleiner Gedanke, komm doch wieder
Und bleib gar hier, entschwinde nie
Ich mag dich halten, singen Lieder
Mein kleines Herz, mein´ Amélie.

Der Fall

Untreue fängt in der Beziehung
zu sich selbst an
Wächst mit der Unfähigkeit sich
zu lieben
Untreue bringt Menschen vor uns
zu Fall, solange
Bis wir selbst fallen.

Menschenwechsler

Man trifft oft Menschen
man trifft sie
am härtesten
unbewusst / bewusst
dadurch, dass man ihnen
ihre Austauschbarkeit
vor Augen führt.

Winterkrähe

Die Krähe krächzt ihr uraltes Lied

An diesem kalten Wintermorgen

Durch eiskalte Luft sie Kreise zieht

Grund Ihres Schreis bleibt uns verborgen

Auf dem Felde

Wo war ich bloß in all den Jahren?
War meine Seele so zerrüttet?
Konnt´ erst am tiefsten Punkt erfahren
Was Ballast ist, der mich verschüttet.

Getrieben war ich, rasend gar
Gerannt, gerannt, dumpf der Verstand
Kommando kam von oben, ja
Im gleichgeschalteten Verband.

Meuterei mitnichten, kein Erwehren
Nur ängstlich gebückt, kein Aufbegehren
Man folgt kritiklos, stumm Befehlen
In Atemnot mit durst'gen Kehlen.

Es schlägt die Trommel, folgt der Fahne!
'S zählt Aug um Aug und Zahn um Zahne
Trompete bläst "Attacke reiten"
Gewissen fällt im Feld, dem weiten.

In sinnlosen Schlachten niedergestreckt
Der Ursprung des Übels bleibt stets verdeckt.
In Krankheit getrieben, tief gefallen
Ein Hoch den Führern und den Vasallen.

Nun wandle ich auf neuen Wegen
Kein Kompass, vage, Schritt für Schritt
Kenn nicht das Ziel, doch ist´s ein Segen
Ich atme frei mit jedem Tritt.

Vermiss ich all das, was ich hatte?
"Kein bisschen" hör ich mich laut schrei´n!
Es bringt nur Pest wie einst die Ratte
Will nicht mehr "Haben" sondern "Sein"!

Haben oder Sein!

Was oft nur zählt in unsrer Welt
Ist nicht die Liebe sondern Geld.
Prestige, Gewinnsucht und auch Macht
So manch´ Konflikt hat schon entfacht.

Doch warum sind wir wahrlich hier?
Was treibt uns an? Ist es die Gier?
Ich möcht´s bezweifeln, wenn´s so wär´
Muss nicht so sein, die Last wög´ schwer.

Ein Blick zurück in frühste Tage
Verdeutlicht, was ich euch jetzt sage.
Was wir einst sahen durch Kinderaugen
Mag heute für uns nichts mehr taugen.

Wir dursteten nach Ehrlichkeit
Nach Nähe und Behaglichkeit
Berührung und Geborgenheit.
Nach Liebe und nach Zärtlichkeit

Wann vergaßen wir den wahren Sinn?
Der Blick getrübt und abgewendet
Suchen wir heut´ nur Trost darin?
Haben wir nicht zu viel Zeit verschwendet?

Streben nach Reichtum und Ansehen nur
Verloren geht so schnell die Spur
Die uns in allen Lebenslagen
Halt gibt, wir müssten nicht verzagen.

Wenn Menschen uns zur Seite stehen
Die unsre wahre Schönheit sehen
Uns kennen und nie fallenlassen
Was auch geschieht, uns nie verlassen.

Wir spüren dadurch, dass wir leben
Indem wir nehmen und auch geben
Das ist im wahren Sinn gemeint
Kühle Raffsucht wird verneint.

Zu selten stellen wir uns ernsthaft

Die Frage, kostet sie uns Kraft?

Nach Haben wollen oder Sein

Die Antwort könnt´ uns so befrei´n.

.

Lied der Kriegerin

Vergiss nicht das Funkeln, wenn der Mond aufsteigt
Verharre, bewahre im Herzen das Feuer
Trotze der Finsternis, die sich langsam zeigt
Im Bann der Nacht, Mut der Kriegerin steigt
Denn keine Macht entreißt ihr das Steuer

Vergiss nicht das Funkeln, wenn der Mond aufsteigt
Verharre, bewahre im Herzen das Feuer

Billige Dunkelheit, feier´ sie dankbar
Erwehr´ dich standhaft und heb´ deine Schilde
Vertreibe Dämonen, sei wehrhaft für wahr
Mit Ehre und Stärke begegne Gefahr
Weiche Verdorb´ner, Mut kennt keine Milde

Billige der Dunkelheit, feier´ sie dankbar
Erwehr´ dich standhaft und heb´ deine Schilde

Erstreite den Frieden, der dann in dir wohnt

Wütend, den siechenden Seelen zuwider

Wenn niemand mehr sonst in deinem Geiste thront

Erhalt´ dir Tapferkeit, Wille wird belohnt

Sterne scheinen dir vom Himmel hernieder

Erstreite den Frieden, der dann in dir wohnt

Wütend, den siechenden Seelen zuwider

Oh Carole, Du Schöne!

Nebel, zu dicht, um klar zu sehen
Untiefen, versteckt doch bedrohlich nah.
Fehlende Kraft, um zu widerstehen
Orientierungslos, Wellengetöse, Not, Gefahr!

Kein Ufer scheint nah, kein´ Rettung, mitnichten
Verloren im Strudel, helft Engel, zu richten
Das Unrecht, die Qual, ihr widerfährt
Sodann meine Schöne sich tapfer erwehrt.

Wieder und wieder niedergedrückt
Gedanken, Gefühle spielen verrückt.
Doch sind das reale, greifbare Dämonen?
Irrlichtrige Wesen, verwegen gar, thronen
Ungefragt, gehasst, verdammt und doch hier
Im Geiste der Schönen, in fremdem Revier.

Sie bebt, verzweifelt, ist hin-und hergerissen
Relativiert gar den wachen, ihren kühnen Verstand
Taumelt, bangt, tanzt, getrieben, zerrissen
Ist in dunklen Tagen sich selbst gänzlich unbekannt
Sich ergeben, als wär´ dies die einzige Wahl
Habt Nachsicht! Haltet ein! Diese Qual!

Doch Halt! Wo sind die wehrhaften Truppen?
Widersteht der Armee der meuternden Heere!
Draußen in Gischt und Brandung entpuppen
Sich Träume als Schleier, leblose Leere.
Angst kriecht empor, wer kann sie erwecken?
Die Schöne verblasst, was wollt ihr bezwecken?

Im Stillen, im Nebel, verwischen die Sinne
Holt Dich das Dunkel ein, raffet dich hinne
Brutal, brachial, schleicht auf leisen Sohlen
Dem Kampfe erliegen, er wird Dich schon holen
Lichtblicke klein, fast vergessen und fern
Erinner´ Dich Ihrer, Sie retten Dich gern!

Hellere Tage, der Nebel entschwunden
Durften wir sehen, erleben, erhaschen
Geradezu feiern, glückseelige Stunden
Lachen, uns fühlen, berühren und naschen
An Freude, an Nähe, Zeit ohne Reue
Erlöst von der Last, beschwingt, nicht verletzlich
Du kannst es erkennen, wie ich mich freue
Deiner Augen Glanz soll leuchten ewiglich.

Oh Schöne, bewahre, halt an dir fest!
Kein Unheil soll über dich kommen.
Zünde Leuchtfeuer an, geh voran, du atmest
Hast so manche Klippe erklommen.
Kein Leid soll dich grämen, nie Schand´ dich lähmen
Deine Schönheit soll blühen, dein Wesen sie zähmen!

Du wandelst in Nebel, stockfinstrer Nacht,
Vergiss´ nicht, erinner´ Dich meiner.
Ich verehr´ Dich, Du Schöne, unsichtbare Macht
Erinnerungen, Freude, Gedanken, ja keiner
Kann Sie Dir nehmen, zerstören, ausmerzen,
Bewahre mich in Dir, trag mich im Herzen.

Gemeinsame Zeit, so kostbar, vergänglich
Fliehend, gar gänzlich zerrinnt sie zu Staub
War eben noch bei dir, genieße es festlich
Vergangen zu Asche, welch schändlicher Raub.

Die Bande soll halten, verteidigt sie, Engel!
Bestärkt sie, ehret, was irdisch nicht ist
Erwehret euch, spottet dem endlich´ Gegängel,
Zu wertvoll, zerbrechlich, entgegen der List.
So ruf ich gen Himmel, entgegne der Sonne:
„Beschützt meine Schöne, mein Herz,
meine Wonne"!

Zuteil soll ihr werden, Kraft, Mut und Wille
Dämonen habt Acht, entschwindet in Stille.
Verlegen, gar schüchtern, ziehet von dannen.
Wer riefet euch Heuchler, geht unter in Flammen.

Bescheidenheit, schüchtern, Glanz, ja grazil,
Geistreich, belesen, sensibel, fast zu viel,
Zeichnen Dich aus, das ist keine Plattitüde.

Mehr noch, du trägst sie in Dir, die Güte
Die Menschen um dich herum zu verstehen,
Kannst feinfühlig wankende Seelen gut sehen.

Oh Carole, Du Schöne, du kostbarstes Wesen
Verneige mich huldvoll am Ende der Reise
Ist dies das Ende? War´s das schon gewesen?
„Könnt´ ich mit leben?" hör ich mich leise
Flüstern, damit sie es kaum vernimmt
Und: „Seelenverwandte, bin traurig gestimmt"

Es ist nicht das Ende, zu wertvoll die Zeit
Das Wiedersehen naht, ist nicht mehr so weit.
Sich kennenzulernen, in vielen Facetten
In Freude und Kummer, sich mögen, erretten
Im Streben nach Glück und Zufriedenheit
Nach Nähe, Wohlgefühl und Geborgenheit.

So ruf ich gen Himmel, entgegne der Sonne:
„Beschützt meine Schöne, mein Herz,
meine Wonne"

FSC
www.fsc.org
MIX
Papier | Fördert
gute Waldnutzung
FSC® C083411

Zeitfracht Medien GmbH
Ferdinand-Jühlke-Straße 7
99095 Erfurt, Deutschland
produktsicherheit@kolibri360.de